LA
COLONISATION FRANÇAISE

AU XVIII⁰ SIÈCLE

PAR

ALBERT RÉBÉRÉ

MEMBRE DE LA SOCIÉTÉ DE GÉOGRAPHIE DE TOURS

(Union Géographique du Centre)

I. — L'INDE

TOURS

IMPRIMERIE E. ARRAULT & Cⁱᵉ

6, RUE DE LA PRÉFECTURE, 6

—

1888

LA
COLONISATION FRANÇAISE

AU XVIIIe SIÈCLE

PAR

ALBERT RÉBÉRÉ

MEMBRE DE LA SOCIÉTÉ DE GÉOGRAPHIE DE TOURS

(Union Géographique du Centre)

I. — L'INDE

TOURS

IMPRIMERIE E. ARRAULT & Cie

6, RUE DE LA PRÉFECTURE, 6

1888

INTRODUCTION

NOS PRÉDÉCESSEURS DANS L'INDE :
LES PORTUGAIS, LES HOLLANDAIS, LES ANGLAIS

Un immense amas de grandeurs déchues, d'antiques splendeurs réduites à néant, d'empires tombés ; un champ de guerres continuelles, où l'invasion a succédé à l'invasion, la ruine à la ruine, lugubre évolution dont chaque phase a eu sa raison d'être et son origine dans une lutte, voilà l'Inde : « Ceci a tué cela ». Pendant des siècles, Mongols, Portugais, Hollandais, Anglais et Français se sont heurtés sur son sol ; chacun d'eux y a vu l'instant de sa grandeur et celui de sa décadence. Mais l'Inde a été comme un crible où se sont tamisées les puissances colonisatrices. Il ne s'en est pas encore trouvé une seule capable de s'y imposer entièrement et d'en faire, par une adaptation bien comprise de ses mœurs et de ses lois, une véritable colonie.

D'où provient cette instabilité des établissements fondés dans l'Inde ? Quelle est la force motrice qui a fait succéder les invasions aux invasions, les conquêtes aux conquêtes par une sorte de pression intermittente dont chaque saccade arrachait au pays un lambeau de son antique liberté ? L'histoire de nos établissements coloniaux, en nous permettant de comparer nos fautes à celles de nos prédécesseurs, nous l'apprendra peut-être.

On pourrait toutefois trouver une raison de ces révolutions multiples dans la marche tâtonnante et évolutive de la colonisation européenne en Asie. Sans remonter aux incursions des Macédoniens ni même à la domination des Mongols, qui furent plutôt des invasions de barbares que de véritables essais de colonisation, il est facile d'observer cette marche à partir du xv° siècle où les Portugais s'établirent aux Indes orientales.

Dès que Colomb eut émis et appuyé par son premier voyage le principe de la rotondité de la terre, on se mit à rechercher la route de ces pays inexplorés, de cet Eldorado où l'on pressentait des trésors fabuleux et inexploités. Mais, dans l'application du principe, deux systèmes se trouvèrent en présence.

Le système espagnol, développé par Christophe Colomb, consistait à chercher la route de l'Inde en se dirigeant constamment vers l'ouest. Ce système fut cause de l'erreur que commit Colomb à son premier voyage, lorsqu'il crut, en mettant le pied sur la terre de San-Salvador, avoir découvert l'Inde.

Le système opposé, plus périlleux, mais tout aussi fertile en découvertes que le premier, était la route de l'est.

Un immense obstacle se dressait dès les premiers pas : la péninsule africaine. Comme autrefois les Phéniciens, les Portugais résolurent de tourner l'obstacle. La description que Diaz avait faite du cap des Tempêtes n'était pas destinée à encourager les navigateurs. Néanmoins, Gama, parti de Lisbonne avec quatre vaisseaux, double, le 4 novembre 1497, la terrible barrière ; puis, cinglant vers le nord-est, il longe la côte orientale de l'Afrique et, le 20 mai 1498, aborde à Calicut. Après trois voyages aux Indes, il meurt, léguant à ses successeurs de grandes espérances, mais sans laisser dans l'Inde aucune trace de son passage.

Cabral, Alméida et surtout le grand Albuquerque jetèrent les bases de la domination portugaise. Leur influence se répandit peu à peu sur le littoral de l'océan Indien et, au commencement du xvii° siècle, leur empire colonial s'étendait depuis Diu, le long de la côte de Malabar, jusqu'à Négapatam, sur la côte de Coromandel en y comprenant l'île de Ceylan. Mais, et c'est précisément là que nous trouvons le premier pas de la colonisation dans l'Asie, les établissements portugais n'avaient qu'un caractère maritime et non territorial. Leur but était, non pas d'exploiter, mais de recueillir les bénéfices d'une exploitation qui, faite par les indigènes, ne leur coûtait ni bras ni travail.

A ce point de vue, il est curieux d'observer la profonde différence qui, dès leur naissance, sépara les colonies portugaises des colonies espagnoles, leurs rivales. La colonisation espagnole fut accomplie par une émigration, par une intervention directe du travail de la métropole ; la colonisation portugaise, au contraire, ne nécessita jamais l'émigration ; le nombre des commerçants appelés à diriger les comptoirs étant relativement très restreint, ils purent facilement trouver place dans les ports et ne songèrent pas à une expansion territoriale.

Cette différence tenait d'ailleurs à l'état dans lequel l'un et l'autre peuple trouvèrent les pays où ils établissaient leur domination. Lorsque les Espagnols arrivèrent en Amérique, ils y trouvèrent des peuplades à peu près sauvages et n'ayant presque aucune notion du commerce. En revanche, ils trouvèrent un sol extrêmement riche en métaux précieux inexploités par les indigènes ; il était plus facile d'établir dans un tel pays une exploitation industrielle qu'un véritable trafic. Les Portugais, au contraire, avaient été devancés dans l'Inde par les Maures établis sur la côte orientale d'Afrique, ce qui donna dès l'abord à leur exploitation un caractère essentiellement commercial et maritime.

Mais ni l'un ni l'autre peuple n'avait apporté à la culture du sol toute l'attention que méritait cette branche de la colonisation aujourd'hui la plus importante. Ils trouvaient dans leurs possessions des richesses toutes prêtes qu'ils se contentaient d'échanger; mais ils ne songèrent pas à s'immiscer d'une manière progressive et raisonnée dans la population. Ils ne cherchèrent pas à modifier, à augmenter ces produits que leur despotisme maladroit et brutal arrachait de force aux habitants.

Aussi la chaîne fragile des comptoirs portugais n'eut-elle qu'une durée éphémère. Le Portugal avait trop peu de poids en Europe pour défendre avec succès un empire colonial dont les éléments étaient reliés par des liens si factices. D'autre part, les concussions des fonctionnaires, les fautes du gouvernement, qui monopolisait à son profit le transport des produits de l'Inde, favorisant ainsi la contrebande, ne tardèrent pas à détruire le prestige qu'Albuquerque et Jean de Castro avaient acquis à force de conquêtes, de modération dans la victoire et de sagesse dans le gouvernement.

C'est pourquoi ces établissements tombèrent d'eux-mêmes sous la pression continuelle des Hollandais et sous les efforts des Anglais. Au moment de notre arrivée aux Indes, il ne reste plus qu'un léger vestige de cette colossale puissance : deux ports seulement ne leur assurant autre chose que le commerce de la côte de Gudjerate et un point sur la côte de Malabar. La faute en était au peu d'habileté du gouvernement qui, au lieu de laisser aux nouvelles acquisitions leur complète autonomie, avait voulu ériger en système la monopolisation, et qui avait ainsi ruiné la liberté du commerce en supprimant la concurrence. C'était là le principe du système protecteur employé par Colbert, principe qui en rendit l'application désastreuse pour notre domination coloniale.

Cependant, dès le milieu du XVIIe siècle, les Hollandais s'inquiétaient de l'extension que prenait l'influence portugaise aux Indes, aussi se préparèrent-ils de bonne heure à les attaquer.

A la suite des voyages de Corneille Houtman et de l'amiral Van Neck, les Hollandais avaient fondé des établissements dans les Moluques et dans les îles de la Sonde ; ils préparèrent donc leur attaque, non pas sur la côte de Malabar, mais sur celle de Coromandel d'où il leur était plus facile, en cas d'échec, de se replier sur leurs colonies d'Océanie. Negapatam est prise en 1658 et fortifiée en 1690. Ayant un point d'appui sur la côte de Coromandel, les Hollandais tournent alors leurs vues sur la côte de Malabar. Ils prennent successivement Cananor, Cranganor, Culan et fondent dans une île, au sud-est de Cochin, le comptoir de Porca. Enfin, ils se rendent maîtres de toute la partie méridionale du Malabar, grâce à la prise de Cochin en 1662 par Vaugoens.

A peine les Hollandais avaient-ils jeté les bases d'un empire colonial sur les ruines de l'empire portugais qu'un autre ennemi bien plus fort et bien plus infatigable se montra à l'horizon. L'Angleterre réclamait sa part de la proie que se disputaient le Portugal et les Pays-Bas et cette part qu'elle réclamait, c'était la part du lion. Plus aventureux que leurs prédécesseurs, les Anglais avaient d'abord tenté la route des Indes par le nord. Mais les difficultés sans nombre que rencontrèrent leurs explorateurs dans le passage nord-est et l'impossibilité presque complète de sortir sains et saufs des glaces polaires, les forcèrent de renoncer à ce projet ; ils prirent alors la route du sud.

Après les voyages de Drake, de Stephens et de Cavendish, comprenant tout le fruit qu'on pouvait retirer d'une intervention dans les Indes, la reine Elisabeth autorisa en 1600 la formation d'une compagnie des Indes.

Lancastre, qui dirigea la première expédition, remporta par sa douceur et sa modération de grands succès à Achem, à Bantam, à Java et à Sumatra et revint chargé de précieuses épiceries.

Mais la modération ne suffisait pas pour contrebalancer l'influence de gens aussi peu scrupuleux que l'étaient les Hollandais et les Portugais. Aussi les Anglais durent-ils bientôt, comme leurs prédécesseurs, avoir recours à la force.

Ils se tournèrent d'abord contre les Hollandais. Ils échouèrent complètement contre eux dans les Moluques, mais ils parvinrent dans l'Inde à ruiner leur commerce des côtes en concédant à des particuliers le commerce d'Inde en Inde, c'est-à-dire le transport des marchandises de l'Inde à une autre contrée de l'Asie. L'activité des marchands libres exerça dès lors une telle concurrence que la compagnie hollandaise se vit peu à peu chassée de tous ses principaux points d'échange et fut réduite à abandonner l'Inde ; mais tout en continuant d'exercer sur le commerce anglais une sourde et terrible pression.

Malgré les brigandages de John Child qui faillirent attirer sur l'Angleterre les dangereuses représailles du puissant empereur des Mongols Aureng-Zeb, la Compagnie put néanmoins, en 1690, fonder Calcutta qui devint le point de départ de leur puissance dans l'Inde. Une compagnie rivale de la compagnie primitive entrava, il est vrai, pendant quelque temps, l'extension de son influence. Mais en 1702, ces deux compagnies se fondirent et l'Angleterre put alors se tourner contre un nouvel arrivant, la France.

En résumé, à l'époque où commence notre colonisation, c'est-à-dire à la fin du xviie siècle, le monde colonial avait complètement changé de face.

Les Portugais, à cause de la fragilité de leur ligne de possessions, à cause surtout de la tyrannie et des exactions de leurs vice-rois, avaient perdu tout leur prestige. Ils sont, au xviiie siècle, confinés dans les deux ports de Diu et de Goa servant de points de relâche et d'échange entre Macao et Lisbonne, possessions réunies par un lien trop factice pour pouvoir être le siège d'un commerce important.

Les Hollandais, qui ont un moment succédé aux Portugais dans les Indes, en ont été chassés par les habiles manœuvres commerciales des Anglais ; néanmoins, ils sont parvenus, à force de patience et de ruse, à se maintenir dans les Moluques, les Philippines et les îles de la Sonde, d'où ils tiennent en échec l'influence anglaise.

Enfin, les Anglais nouvellement arrivés en Inde commencent à s'y établir solidement, non plus comme les Portugais et les Hollandais en fondant sur les côtes une légère chaine de comptoirs, mais en soumettant des provinces, en fondant des villes et des manufactures ; en un mot, en faisant de l'Inde une véritable colonie, c'est-à-dire une possession à la fois maritime et territoriale.

LA FRANCE DANS L'INDE

AU XVIII\u1d49 SIÈCLE

PREMIÈRE PARTIE

LA FORMATION
RICHELIEU. — COLBERT. — LAW

LA FRANCE DANS L'INDE
AU XVIIIe SIÈCLE

CHAPITRE PREMIER

LES ORIGINES. — RICHELIEU. — COLBERT

I

Aventureux par nature, intrépides par caractère, commerçants par nécessité, les Français ne devaient pas rester en retard dans l'immense mouvement maritime de la fin du xve siècle, et si leur marine ne se montra pas plus tôt dans les parages de l'Asie, la faute en est aux guerres civiles qui remplirent tout le xvie siècle. A cette époque si tourmentée, la haine des catholiques contre les huguenots avait assez de violence pour étouffer le germe d'une idée qui avait pris naissance avec Jeanne d'Arc, l'idée du patriotisme.

Il n'y a donc pas lieu de s'étonner du peu d'empressement que la France montra tout d'abord à accepter et à imiter les essais de colonisation tentés depuis un siècle déjà par les Portugais. La furia Francese, à laquelle il faut une proie, s'était tournée contre elle-même, et, à part la tentative sans résultat de Genonville en 1535, aucun navigateur ne songea à arborer l'étendard fleurdelysé dans les contrées lointaines de l'Extrême Orient.

Mais lorsque le bon roi Henri eut assoupi les passions, et eut opéré entre catholiques et protestants une conciliation qui, pour être factice, n'en eut pas moins d'excellents résultats, l'esprit français reprit le dessus. Pouvaient-ils donc rester inactifs, les fils de ces Gaulois, qui par-dessus les Alpes jetaient un insolent défi aux légions romaines, et qui, plus prompts encore que leur défi, accouraient indomptables et farouches, saccager la capitale ennemie ? Pouvaient-ils se laisser vaincre les fils de ces Francs,

qui nus et la francisque au poing, fauchaient devant eux les che-
valiers romains chargés d'armures? Il leur fallait la lutte, et non
pas la lutte d'égal à égal, mais la lutte terrible de la curiosité
contre le mystère, du désir de connaître contre l'inconnu. Cette
lutte, ils la trouvèrent dans la colonisation, et dès qu'ils l'eurent
entrevue, ils s'y jetèrent avec acharnement.

Une mer inconnue, pleine de tempêtes et de récifs ; une double
résistance dans les pays où l'on devait aborder : résistance du
côté des indigènes, qui, sans doute, défendraient chèrement leur
indépendance menacée ; résistance du côté des Portugais, qui
défendraient plus chèrement encore leurs établissements de
commerce ; voilà ce qu'on pouvait attendre d'une expédition dans
les mers de l'Extrême Orient. Il fallait, pour réaliser une tâche
aussi pénible et aussi périlleuse, des hommes d'une intrépidité à
toute épreuve, et d'une incroyable tenacité. Aussi l'honneur
d'avoir montré aux navigateurs français la route des Indes
revient-il aux Malouins, qui, à l'esprit commerçant des Normands, joignent l'intrépidité et la ténacité des Bretons.

En 1601, un groupe de marchands de Saint-Malo, de Laval et
Vitré forma une compagnie marchande, ayant pour mission de
faire des échanges aux Indes et dans l'Asie Orientale en longeant
la côte d'Afrique et en passant par Madagascar. Cette compagnie
équipa deux vaisseaux sous la direction du sieur de la Bordelière
et de François du Clos Neuf, connétable de Saint-Malo, et sous le
contrôle d'un agent de la compagnie, Christophe du Boiscault.
L'expédition partit de Saint-Malo le 18 mai 1601. La première
partie de la navigation fut assez heureuse, mais, après avoir tou-
ché à Sainte-Hélène, à Madagascar et aux Comores, ils allèrent
s'échouer sur les Maldives. L'un des vaisseaux se perdit avec une
partie de son équipage. Le reste de ses hommes mit dix ans à
rentrer en France. L'autre vaisseau, plus heureux, put toucher à
Ceylan et à Sumatra, et rentrer l'année suivante en Angleterre.

Toutefois, les Normands, sans s'effrayer de l'échec de leurs voi-
sins et désireux de réparer la tentative malheureuse de Genonville forment une compagnie des Indes sous les auspices de
Girard le Flamand. Le général de Beaulieu est mis à la tête de
trois vaisseaux et l'expédition, chargée d'armes et de vivres, fait
fait voile vers l'Inde. Il put nouer en passant quelques relations
heureuses avec les indigènes de la côte occidentale de l'Afrique,

depuis le Cap Vert jusqu'au Cap de Bonne-Espérance, et avec ceux de Madagascar et des Comores.

Mais, pas plus que ses prédécesseurs, il ne devait sortir sain et sauf de ces parages : l'un de ses vaisseaux fut capturé par les pirates maures, l'autre brûlé par les Hollandais, et Beaulieu, ayant fait un court séjour à Sumatra, dut rentrer en France après trente-huit mois de navigation.

Ces expéditions ne pouvaient, au point de vue pratique, amener aucun résultat, si ce n'est l'épuisement des compagnies qui les avaient organisées.

On ne pouvait voir, il est vrai, dans ces tentatives malheureuses, que des spéculations désastreuses et inutiles, et non pas des essais sérieux de colonisation. Il était, en effet, facile de comprendre que, si le gouvernement ne donnait pas aux compagnies particulières l'appui d'une marine militaire assez puissante pour protéger leur commerce, il serait sinon impossible du moins fort difficile de fonder des comptoirs aux Indes, et que, d'ailleurs, des établissements n'étant pas soutenus par la force ne pouvaient avoir qu'une durée éphémère. On n'avait pas compris jusqu'alors quel immense avantage on pourrait tirer d'une union intime entre la marine militaire et la marine marchande, celle-là chargée de jeter les bases d'une colonisation territoriale; celle-ci, ayant pour mission de faire vivre et prospérer ces possessions par le commerce et l'industrie.

D'autres raisons encore arrêtaient les progrès de notre commerce dans les Indes. Sully n'avait aucune sympathie pour les colonisations lointaines : la perspective d'envoyer dans des parages inconnus et dangereux des expéditions qu'il eût considérées comme perdues, l'empêchait de prêter un appui suffisant aux tentatives de ce genre. Il préférait la richesse peut-être médiocre mais certaine et paisible de l'agriculture aux trésors problématiques que pouvaient promettre les hasards de la colonisation. D'autre part, Henri IV, bien qu'ayant sur ce point des idées plus hautes que son ministre, s'attacha surtout à nos établissements d'Amérique moins éloignés et moins fréquentés par les étrangers que ceux de l'Asie Orientale.

Enfin, les préjugés des nobles, qui croyaient déroger à leur qualité en se livrant au commerce, étaient un obstacle de plus à l'extension de notre influence coloniale et de notre puissance maritime.

Toutes ces causes réunies paralysaient les efforts que faisaient quelques Français moins scrupuleux et plus intrépides pour relever l'honneur de notre pavillon. Enfin, un homme parut, dont l'esprit était à la hauteur de sa tâche et qui, s'il n'eut pas le temps de l'accomplir tout entière, sut du moins lui donner une puissante impulsion et montrer à ses successeurs la véritable route de la colonisation.

Cet homme, qui eut sur les destinées de la France un immense pouvoir, qui fut plus roi que le roi lui-même, cet homme fut Richelieu.

Créer une marine marchande pour faire le commerce des deux mondes, l'appuyer d'une marine militaire capable de faire respecter la France sur les mers, en un mot, développer l'esprit de commerce et de conquêtes, tel fut le plan de Richelieu. Pour y parvenir, il fallait faire cesser les causes qui entravaient notre établissement aux Indes. Richelieu voulut, et tout céda devant son inflexible énergie.

Les guerres de Religion avaient épuisé nos forces : Richelieu rendit le calme complet à la France, en brisant le parti calviniste et en le soumettant par l'édit d'Alais, qui, tout en lui rendant la liberté de conscience et de culte, lui ôtait tout prétexte de révolte. Les grands méprisaient le commerce : Richelieu, après les avoir abaissés, déclara qu'ils pourraient désormais se faire négociants sans déroger à leur noblesse. Les compagnies marchandes ne pouvaient trafiquer sans se trouver exposées à tous les dangers sur les mers lointaines : il créa une marine militaire pour les soutenir et prit lui-même l'initiative en fondant en 1627 une compagnie chargée du commerce des pelleteries dans la Nouvelle-France. Quelques années plus tard, en 1635, il organisa la Compagnie des îles d'Amérique, et restaura la Compagnie des Indes qui fut destinée à exploiter spécialement l'île de Madagascar.

Mais là s'arrêta son œuvre : il mourut sans avoir pu être témoin de notre établissement dans les Indes. Néanmoins, un grand pas avait été fait sous son ministère, et grâce à son ministère. Il avait reconnu ce que nul ministre n'avait vu avant lui : la nécessité de soutenir officiellement ceux de nos compatriotes qui allaient s'établir dans les colonies, et il avait compris que, pour y arriver il fallait que la France se créât dans ces pays un territoire représentant pour les émigrants la patrie absente. Il avait senti que cette patrie devait aide et protection à ceux de ses enfants qui s'exilaient volontairement pour aller porter au loin l'honneur et le respect du nom français. Richelieu avait nettement tracé la route, et Colbert, à qui il fut donné de continuer son œuvre, se rendit digne de son prédécesseur par l'habileté de sa politique et par la grandeur et l'élévation de ses vues.

II

Lorsqu'on parcourt l'histoire de la France depuis Clovis jusqu'à notre époque il semble que la guerre ait été l'état véritablement normal de notre pays. Les luttes continuelles des Mérovingiens contre leurs compétiteurs, celles de Charlemagne et de ses descendants contre les envahisseurs barbares; celles des Capétiens contre la Féodalité; puis les guerres de religion, les folles expéditions du grand roi; la page sanglante et glorieuse en même temps que l'on appelle la Révolution, enfin, les grandes campagnes du premier Empire, telles sont les phases qui ont, il est vrai, illustré le nom de la France, mais qui, il faut l'avouer, ont épuisé son ardeur et sa vitalité. Toutefois dans cette immense et terrible épopée on trouve quelques instants où sinon victorieuse, du moins glorieusement vaincue, la France se reposait, mais sans perdre de vue l'ennemi : un de ces instants fut le ministère de Colbert.

Audacieux dans ses vues, modéré dans ses actes, plein de patriotisme, mais de ce patriotisme éclairé qui veut avant tout le bonheur de la patrie et qui cherche à imposer aux étrangers non la crainte mais l'estime et le respect : tel fut Colbert. Il arriva au pouvoir avec deux moyens de gouvernement : le commerce et l'industrie. Mais malgré ses vues calmes et pacifiques il comprit toutefois que ce que la France ne pouvait donner, il fallait se résoudre à le chercher plus loin, et il embrassa avec ardeur les idées de Richelieu sur la colonisation.

Nos colonies d'Amérique avaient déjà pris un développement considérable et étaient le siège d'un commerce important. Colbert tourna alors ses vues vers l'Orient où la puissance des Hollandais et des Portugais commençait à s'affaiblir par suite de la rivalité acharnée de l'Angleterre.

L'île de Madagascar attira tout d'abord son attention. Déjà visitée au commencement du siècle par les expéditions de Bretagne et de Normandie, elle avait été de nouveau explorée par le capitaine Regimon et quelques aventuriers dieppois. On avait conçu une si haute idée de la richesse de ce pays, qu'en 1642 une compagnie s'organisa pour y former un établissement. Mais les colons ne surent pas user de modération envers des peuplades aussi sauvages et aussi jalouses de leur indépendance que les Hovas et les Malgaches. Ils crurent que l'île renfermait de l'or, et pour découvrir ces mines ils se livrèrent au pillage. Ils perdirent à l'exploitation tous leurs capitaux, et furent décimés par les indigènes : une seconde expédition dirigée par le maréchal de la Meilleraie à ses propres risques et périls n'eut pas un meilleur résultat. On dut renoncer à Madagascar.

Colbert reporta alors ses efforts sur la péninsule indienne. En 1664, il présenta à Louis XIV le plan d'une compagnie des Indes sur les mêmes bases que celle de Hollande.

Il accordait à cette compagnie le monopole du commerce des Indes pendant cinquante ans. Les matériaux de construction, d'armement, d'approvisionnement des vaisseaux étaient déchargés des droits d'entrée et de sortie, ainsi que des droits d'amirauté. Ces vaisseaux devaient être en outre escortés par des escadres suffisantes, et le gouvernement s'engageait à envoyer les troupes nécessaires pour protéger les établissements et pour aider à la conquête. Colbert établit des primes d'exploitation de cinquante francs par tonne de marchandises et des primes d'importation de soixante-quinze francs.

Mais non content d'intéresser au commerce tous les Français il voulut encore y intéresser les étrangers en accordant à ceux qui prendraient dans nos établissements un intérêt de 20,000 livres le titre de *régnicoles* c'est-à-dire colons royaux.

La compagnie nouvelle voulut faire encore une tentative sur l'île de Madagascar. Les quelques établissements que nous avions pu conserver avaient périclité sous le gouvernement du marquis de Mondevergue et s'affaiblissaient de plus en plus. En 1669 la Compagnie obtint de Louis XIV un subside de deux millions et l'envoi d'une escadre à Madagascar, sous les ordres de de La Haie. Mais cette expédition ne réussit pas mieux que les deux premières ; une partie des troupes fut massacrée, et de La Haie dégoûté prit la route des Indes.

Aux Indes, grâce à l'activité du directeur de la Compagnie Caron, nous obtenions quelques succès. Caron, négociant d'origine française, avait vieilli au service de la Compagnie de Hollande dont il était le représentant au Japon. Là, il avait essayé, à l'insu des habitants, de construire un fort qui serait une sorte de prise de possession du pays. Mais l'empereur découvrit son plan, l'accabla de mauvais traitements, et le chassa de ses États. L'ingratitude des Hollandais l'engagea de se retirer de leur compagnie, et pour se venger il prit du service dans la Compagnie française, dont son habileté le fit bientôt nommer directeur.

Surate fut le premier point qui attira l'attention de la Compagnie. Ce port, bien qu'ayant perdu une partie de son ancienne richesse rapportait néanmoins annuellement aux diverses puissances qui y trafiquaient un produit net en argent de 26,000,000.

Surate, en effet, en exportant les produits de l'intérieur, recevait comme échanges les perles et les soies de Perse, les épices des Moluques et des Philippines et faisait en général d'une manière très active le cabotage et le commerce d'Inde en Inde.

Surate n'était pas à nous seuls : les Portugais, les Anglais et les Hollandais qui, eux aussi, y trouvaient leur profit, n'étaient pas disposés à céder la partie, aux nouveaux arrivants, et nous faisaient payer fort cher leurs bonnes grâces. Caron comprit qu'il ne pourrait jamais faire de Surate le point de départ d'une extension territoriale en Inde. Il voulait un établissement où la concurrence étrangère fût nulle et où nous n'eussions pas à craindre la redoutable rivalité commerciale des autres puissances européennes. La baie de Trinquemalé dans l'île Ceylan, lui parut tout à fait propre à remplir ce but. L'escadre de Madagascar sous les ordres de de La Haie, se trouvait précisément dans ces parages. Elle arriva pour appuyer la tentative.

Mais elle ne sut pas profiter de l'avantage que lui donnait le nombre et le bon état de ses vaisseaux : elle se laissa intimider par la flotte hollandaise qui était à peu près hors d'état de combattre. En se repliant, elle dut attaquer, pour se ravitailler, la petite ville de Saint-Thomé dont elle s'empara sans difficulté.

Un établissement aussi faible ne pouvait avoir qu'une durée éphémère, et n'était pas capable de résister à des forces supérieures. Aussi deux ans après tomba-t-il sous les efforts combinés des Hollandais et du roi de Golconde.

A la suite de ces divers échecs, un directeur de la Compagnie, nommé Baron, reprenant l'idée de son prédécesseur suivant laquelle il vaut mieux être le premier dans une bourgade de la côte indienne que le second dans un grand port, rassembla les débris, de l'expédition de Ceylan et de Saint-Thomé et avec l'aide de François Martin il fonda la ville de Pondichéry. Afin d'être assuré de la possession paisible de son nouvel établissement, il en acheta le territoire au souverain du pays. Pondichéry prit rapidement un développement important et devint le centre de rayonnement de notre commerce dans toute l'Asie méridionale.

Mais la Compagnie ne s'en tint pas là. Huit ans plus tard (1688) comprenant que la véritable richesse de l'Inde se trouve dans la vallée du Gange, Bourreau-Deslandes résolut d'occuper le delta de ce fleuve et créa sur l'Ougly Chandernagor qui, deux ans plus tard devait être supplanté par l'établissement anglais de Calcutta.

Nous avions dès lors deux établissements dans l'Inde : Chandernagor point d'échange important entre la vallée du Gange et l'extérieur nous assurait le commerce de l'Indoustan. Sur la côte de Coromandel, Pondichéry devait tenir en échec les Hollandais qui ne paraissaient nullement décidés à abandonner leurs prétentions sur l'Inde et qui, retirés dans leurs possessions des Moluques n'attendaient que l'occasion favorable pour entamer les hostilités.

Cette occasion ne tarda pas à se présenter. Pendant la guerre du Palatinat désireux de se venger de leurs défaites de Fleurus et de Steenkerque les Hollandais se jettent sur nos colonies et bombardent nos ports. Voulant à tout prix s'emparer de Pondichéry pour y établir leur ancien commerce de Coromandel, ils s'adressèrent d'abord aux indigènes qu'aucun traité ne pouvait obliger à restituer la ville. Mais les indigènes refusèrent de s'associer à ce trafic perfide. Les Hollandais attaquèrent alors Pondichéry qui se rendit en 1693. Ils s'occupèrent aussitôt de l'amélioration et de la fortification de ce port et d'importants travaux étaient déjà exécutés lorsqu'en 1697 le traité de Ryswich nous remit en possession de notre établissement.

Mais depuis quinze ans déjà la main de Colbert ne dirigeait plus notre commerce, et l'impulsion qu'il avait donnée à notre puissance coloniale s'était ralentie. La compagnie des Indes dépérissait promptement.

Plusieurs raisons contribuaient à la décadence de nos établissements. L'une d'elles qui avait son origine dans le gouvernement
même de Colbert était le système protecteur. Le grand principe
d'économie politique : « Laissez faire, laissez passer », qui se
développa vers la fin du xviiie siècle était encore inconnu à cette
époque. Colbert eut le tort, en effet, de vouloir trop gouverner
notre commerce, et, en lui enlevant son autonomie, de paralyser
son extension. Toutefois les inconvénients de ce système se firent
moins sentir dans l'Inde que dans nos colonies d'Amérique. Dans
l'Inde, en effet, nous ne possédions que peu de territoire, tandis
que les Antilles, par exemple, constituaient de véritables dépen-
dances de la métropole. Les populations elles-mêmes bien que
d'origine égale, présentaient des caractères tout différents. Aux
Antilles, nous avions des colons dans la véritable acception du
mot, c'est-à-dire des cultivateurs et des fermiers. Aux Indes nous
avions des commerçants. Il résultait de cette différence que l'émigration, nécessaire en Amérique pour le travail de la terre et
l'exploitation des mines, était à peu près nulle aux Indes, les
agents de la Compagnie suffisant pour diriger nos comptoirs.
La partie politique ou pour mieux dire administrative tenait donc
moins de place dans notre population de l'Inde, qui, par suite
avait moins à souffrir de la protection despotique du gouvernement.

Mais là n'était pas la vraie cause du dépérissement de nos colonies indiennes : l'avidité des fonctionnaires, les rivalités particulières qui entravaient la marche de l'administration étaient autant
d'obstacles à l'extension de notre empire commercial. Les succès
mêmes de notre marine indépendante, c'est-à-dire des corsaires
sortis de nos ports, tout en désolant le commerce de la Hollande
et de l'Angleterre ruinait aussi celui de la Compagnie par la concurrence.

En résumé, à la fin du xviiie siècle nous avions un pied dans
l'Inde, Pondichéry et Chandernagor nous permettaient de rayon-
ner sur toute l'Asie. Notre influence allait toujours croissant.
Seule, la Compagnie dépérissait, et sa chute aurait été certaine
si un incident politique et commercial d'une haute importance
n'était venu stupéfier la France et bouleverser tous les esprits :
nous avons parlé du *système de Law*.

CHAPITRE II

« Il a fallu qu'un Ecossais nommé Jean Law soit venu en
« France et ait bouleversé toute l'économie de notre gouverne-
« ment pour nous instruire. Il osa, dans le plus horrible déran-
« gement de nos finances, dans la disette la plus générale, établir
« une banque et une compagnie des Indes. C'était de l'émétique à
« des malades : nous en prîmes trop, et nous eûmes des convul-
« sions. Mais enfin des débris de son système il nous resta une
« compagnie des Indes avec cinquante millions de fonds. Qu'eût-
« ce été si nous n'avions pris de la drogue que la dose qu'il nous
« fallait ? »

C'est ainsi que Voltaire caractérise l'immense mouvement
financier qui ébranla si fortement la France au commencement
du XVIIIe siècle.

Une dette publique de 2,500,000,000 et un déficit annuel de
77,000,000; un immense relâchement moral, suite nécessaire de la
contrainte qu'avait causé le despotisme intolérant de Louis XIV,
voilà ce que nous avait légué le grand siècle, et la France offrait
à la risée de l'Europe le spectacle honteux d'un grand peuple dont
la misère et la débauche avilissaient le courage et le patriotisme.

Ce fut un Ecossais qui, méconnu de sa patrie, eut l'idée de
rétablir sinon la grandeur morale, du moins la prospérité financière de notre malheureux pays.

Jean de Lauriston Law, né à Edimbourg en 1671, avait été
présenté au régent par le cardinal Dubois. L'idée dominante de
tout son système était que la valeur intrinsèque de la monnaie
était négligeable, et que la valeur réelle, sur laquelle il fallait fon-

der les opérations, était la valeur conventionnelle. Il fit donc cir-
culer une monnaie moins rare et plus facile à multiplier que l'or :
le papier. C'est ainsi qu'il lança ses fameuses actions qui eurent
tant de retentissement et causèrent tant de troubles en France.

Frivole, et toujours disposée à accueillir aveuglement les nou-
veautés, la France du xviiie siècle (à laquelle, il faut l'avouer,
notre France d'aujourd'hui n'a rien à reprocher sur ce point),
accueillit à bras ouverts l'audacieux aventurier, comme elle
accueillait déjà les idées anglaises dont nos écrivains commençaient à semer les germes.

Encouragé par une immense popularité, favorisé par le régent
qui ne demandait pas mieux que de se décharger sur quelqu'un
du souci des affaires qui le troublait dans ses plaisirs, Law se mit
à l'œuvre. Il comprit que, pour arriver à modifier la valeur cou-
rante de la monnaie, c'est-à-dire à déprécier les espèces pour reje-
ter ensuite leur moins value sur le papier, il était nécessaire de
faire rentrer tout le numéraire dans les caisses de l'Etat, qui ne
l'en ferait sortir qu'au cas de besoins trop impérieux. Pour arriver
à ce résultat, il crée en mai 1716, avec ses propres deniers et à ses
risques et périls une banque qui, en échange de numéraire offrait
des actions pouvant être remboursées en espèces. Sa tentative
ayant été couronnée de succès, cette banque privée fut déclarée
banque royale le 4 décembre 1718, et passa dès lors entre les
mains de l'Etat.

Mais quelques spéculateurs plus clairvoyants que la foule,
ayant remarqué la faveur extraordinaire que le gouvernement
attachait au papier eurent des soupçons et donnèrent l'éveil.
Effrayé de la marche terrible de son système qu'il ne pouvait
plus enrayer, et redoutant une catastrophe imminente, Law vit
que le péril était sans remède : Il voulut retarder le moment de
la chute, et pour donner le change à l'opinion publique, il se lança
dans une nouvelle spéculation.

Quelques négociants français établis dans la Louisiane et sur
les rives du Mississipi, prétendaient avoir découvert dans ces
pays des mines d'or inépuisables, et demandèrent des bras au
gouvernement. Le régent, pour favoriser l'exploitation, fonde en
1717 une compagnie d'Occident. Law, par des promesses, par
des perspectives séduisantes de trésors incalculables et encore
inexploités, éblouit tous les esprits, et l'émigration commença.

Français, Suisses Allemands, tous s'expatriaient avec enthousiasme pour ce nouvel Eldorado, et arrivés sur les sables stériles des bouches du Mississipi, tous mouraient de misère et de désespoir. L'illusion ne pouvait plus durer, et l'opinion rendait le régent responsable des terribles conséquences de ses promesses trompeuses. Law crut sauver la situation en réunissant à la compagnie d'Occident la compagnie des Indes fondée par Colbert, et en fondant ainsi un immense corps commercial et financier, au capital de plus de cent millions, propriétaire du tabac, de la traite des nègres, des fermes du royaume et dont le directeur, surintendant général des finances, eut le maniement de tous les deniers de l'État (mai 1719).

Mais Law avait vécu. Ses efforts désespérés pour retrouver la popularité et la confiance devenaient inutiles. Son système à qui la base seule manquait, ébranlé par les rudes secousses de l'agiotage qui avait fait sa force, commençait à s'écrouler, ensevelissant sous ses ruines bien des fortunes, bien des espérances. Un spasme terrible secoua l'État jusque dans ses fondements : une torpeur profonde succéda à l'agitation fébrile de la veille, et lorsque la France se réveilla de cet engourdissement morbide, la banqueroute était à ses portes ; seule, la compagnie des Indes était debout avec ses actions, ses monopoles et ses privilèges, et, dernier reste du monde financier d'hier, semblait couvrir de son impudente prospérité la honteuse défaite de son fondateur.

C'est à partir de ce moment, en effet, que commença la grandeur de notre puissance coloniale. C'était la colonisation telle que l'avait entrevue Richelieu, et telle que l'avait commencée Colbert. La compagnie fondée par ce dernier subsistait et avait ajouté à son importance commerciale la puissance financière, qui est l'âme de toute entreprise, et qui s'augmentait de tout ce qu'avaient perdu l'État et les particuliers.

Law avait conservé les règlements établis par Colbert, assurant à la compagnie le concours de l'État. Il accordait aux étrangers les mêmes droits et les mêmes intérêts, en leur imposant les mêmes conditions. Mais une chose subsistait aussi, qui devait avoir les mêmes conséquences pernicieuses, le système protecteur. Le roi voulut conserver le droit de nommer lui-même les directeurs sans consulter les actionnaires. Plus tard, Louis XV aggrava encore ces inconvénients en soumettant les actes de la compagnie au contrôle d'un commissaire royal, qui, souvent, pour faire acte d'autorité, s'opposait à de sages mesures, ou en suggérait des mauvaises. Plus tard, on crut remédier à ce vice de constitution en nommant deux, puis trois commissaires royaux, et ainsi, en passant par le despotisme et la rivalité, on arriva à l'anarchie.

Aussi, ce manque d'unité dans l'action, et d'intelligence dans l'économie et dans l'administration paralysa-t-il souvent les conquêtes de nos généraux, et peut-être prépara-t-il la ruine prochaine. Il est facile de prévoir, en effet, que, si la gestion de la compagnie avait complètement coïncidé avec notre extension territoriale dans les Indes, si notre commerce avait su faire usage des moyens qui lui avaient été donnés, nos revers eussent été sinon empêchés du moins atténués. Mais Annibal ne sut pas profiter de la victoire, et les Anglais n'eurent pas de peine à s'emparer des établissements qui n'avaient ni la vitalité, ni la bonne administration capables de favoriser l'extension de notre influence. Ce qui nous a fait perdre nos colonies ce n'est pas l'Angleterre, c'est la compagnie des Indes.

CHAPITRE III

L'INDE A CONQUÉRIR

L'instant était favorable à une intervention de la France en Inde. Dumas, envoyé comme gouverneur à Pondichéry, avait obtenu le territoire de Karikal qui nous assurait le commerce de Tanjaor. Pondichéry, fortifié par les Hollandais, devenait une position importante, et Chandernagor florissait sous l'administration d'un homme de génie, qui était destiné à soutenir noblement dans l'Inde l'honneur du nom français. L'unité de l'Inde, commencée par Tamerlan, commençait à s'affaiblir, sapée par ses bases.

La dynastie Timouride, dignement représentée par Baber, Noumayoun, Akber, Shah Jehan, Aureng-Zeb, avait sinon soumis, du moins annexé à l'empire mogol toutes les régions de l'Inde. Partis de Delhi, centre immense de leur puissance et de leur richesse, ces farouches conquérants s'étendirent promptement dans toute la péninsule. Timour avait pris Candahar et Caboul, dont Baber, un de ses successeurs, avait fait sa capitale après avoir, sur le célèbre champ de bataille de Panipat, tué le dernier souverain afghan. Aureng-Zeb s'était emparé du Thibet et du Dekan. En un mot, l'Inde entière était courbée sous le joug de Delhi.

Ce vaste empire était administré par des soubabs ou vice-rois, qui avaient sous leurs ordres des nababs ou gouverneurs de provinces. Ces nababs, plus exposés encore que les grands vizirs des sultans aux colères ou aux caprices d'un maître aussi terrible que l'empereur, étaient surveillés par une sorte de garde prétorienne qu'on appelait les *premiers esclaves de l'empereur*, et parmi lesquels on choisissait les oucrates ou conseillers du souverain. Aussi ne cherchaient-ils qu'une occasion de secouer le joug du despote et de se rendre indépendants.

Mais la main de fer des premiers Timourides n'était plus là pour réprimer les sourdes révoltes qui commençaient à se manifester dans les provinces, et les descendants dégénérés des Gengis-khan et des Timour ne surent pas maintenir leur autorité sur leurs sujets indomptés. L'empire, d'ailleurs, était débordé de toutes parts.

Le roi de Perse, Nadir-Shah, aidé par les Afghans, qui s'étaient révoltés à l'instigation de leur khan Zemaoun, venait d'envahir l'Inde en 1739, et la plaine de Panipat fut une fois encore témoin d'une bataille qui ouvrait au vainqueur les portes de Delhi. Nadir saccagea la capitale et força le souverain mogol à lui abandonner le Kabulistan, le territoire de Candahar, le Cachemire et une partie du Pendjab.

En même temps, les bandes afghanes ou Rohillas, commandées par Ahmed-Abdallah, fils de Zemaoun, s'étaient rendues indépendantes et avaient occupé le territoire s'étendant entre le Gange et le Gogra.

A l'est et au sud, les hordes sauvages des Mahrattos saccageaient les provinces de l'empire. Ces peuplades indépendantes et nomades avaient de tout temps désolé le commerce intérieur de l'Inde et, pour acheter leur tranquillité, les souverains mogols s'étaient vus contraints de leur céder le tiers des sommes produites par les impôts et de leur abandonner la province de Bengale qu'ils pillèrent pendant dix ans. Après la mort d'Aureng-Zeb, ils avaient repris le cours de leurs brigandages et, révoltés à la fois dans la vallée du Gange et dans le Dekan, ils s'étaient emparés de Delhi.

Enfin, la situation critique de l'empire mogol était encore aggravée par les révoltes des nababs, qui essayaient de se faire indépendants et qui, fatigués du despotisme des souverains, menaçaient, en se séparant de l'Etat, d'anéantir la vaste domination mogole.

Le gouverneur d'Oude s'était rendu indépendant. Les Rajpouths, les nababs de Travancor, de Tanjor, de Cochin, du Carnatic l'étaient en fait, et les Sicks révoltés saccageaient le Pendjab.

En un mot, l'Empire était en plein démembrement. Les Portugais et les Hollandais, confinés dans leurs quelques établissements, ne comptaient plus aux Indes. Le moment paraissait donc bien choisi pour prendre part à la curée et pour précipiter encore la catastrophe imminente.

Mais un adversaire commençait à s'élever, d'autant plus redoutable que, depuis longtemps, il épiait l'occasion de saisir non plus une part de la proie, mais la proie tout entière. L'Angleterre avait peu à peu, à force d'habileté, de ruse et de concurrence adroite, ruiné l'influence portugaise dans les Indes. Elle avait su, à force de patience et de souplesse, lasser la temporisation des Hollandais, tout en leur enlevant les occasions de lui nuire. Il était donc facile de comprendre que cette habileté, cette patience avaient un but et que ce but, la France pouvait le lui enlever, mais non le lui faire oublier. L'Angleterre, égoïste et rapace, plia sous l'ouragan, et lorsqu'il fut passé, elle se releva plus égoïste et plus rapace encore.

Au commencement du XVIIIe siècle, les Anglais avaient déjà trois présidences aux Indes : Madras, Calcutta et Bombay. La compagnie avait obtenu le droit d'y établir des cours de justice (*mayor's courts*), composées d'un *mayor* et de neuf *aldermen*, qui pouvaient connaître de toutes les causes civiles. Les condamnations pécuniaires trop élevées étaient prononcées par une *court of requests* réunie par le gouverneur. Enfin, le gouverneur lui-même, assisté de son conseil, devait connaître des crimes de haute trahison.

Madras, fondé vers la fin du XVIIe siècle par Guillaume Langhorne, sur la côte de Coromandel, avait promptement attiré tout le commerce de la colonie portugaise de Saint-Thomé. Elle comprenait trois parties, le fort Saint-Georges, ou ville Blanche, qui en formait la partie européenne : la ville Noire, habitée par les Juifs et les Maures : et un faubourg, composé d'Indiens. A la présidence de Madras se rattachait la ville de Goudelour, ou Cuddalore, défendue par le fort Saint-David, et dont le territoire acheté, en 1686, pour la somme de 742,500 livres, avait une étendue de huit milles sur la mer, et de quatre milles de profondeur dans l'intérieur des terres.

Bombay, à cause du peu de salubrité de son climat, de ses marécages, et de la violence des moussons avait peu attiré l'attentention des Anglais. Il s'était répandu un proverbe qui prétendait qu'à Bombay, *deux moussons étaient la vie d'un homme.* Néanmoins, malgré ces graves inconvénients cette ville possédait un port excellent. Située dans une rade fermée par les îles de Trombey, de Karanjah et de Calabre, et reliée au continent au Nord par la grande île de Salsette, et à l'Est par les îlots de Mutcher et d'Elephanta, elle pouvait servir de port de relâche et d'hivernage en cas de guerre.

Calcutta, défendue par Fort-Canning, présentait, comme Bombay, un climat très malsain, conséquence nécessaire des alluvions et des marécages formés par le delta du Gange. En outre l'ancrage peu sûr, par suite du fond sablonneux du fleuve, n'en faisait qu'un port médiocre. Néanmoins, elle avait pour avantage de commander toute la riche vallée du Gange et de forcer tous les vaisseaux se dirigeant sur Chandernagor à passer sous son canon.

En résumé, l'influence anglaise s'avançait lentement dans l'Inde. Partant de ces trois points, elle continuait pas à pas sa marche enveloppante, et on pouvait prévoir que, du jour où elle parviendrait à réunir Calcutta et Madras, l'Océan indien ne serait plus qu'un lac anglais.

CHAPITRE IV

LE PLAN DE DUPLEIX

Malgré ses fautes et ses abus, le gouvernement de Louis XV comprit ce que n'avaient entrevu ni les Portugais ni les Hollandais : l'insuffisance d'une frêle chaîne de comptoirs, et la nécessité d'une extension territoriale, afin de conquérir la liberté d'exploitation, et d'anéantir la concurrence étrangère. Mais son rôle fut tout passif, et se borna au choix de gouverneurs dont le génie dut surmonter seul tous les obstacles, et surtout (ceux-là n'étaient pas les moindres) ceux qui venaient du ministère. En effet, le cardinal de Fleury, effrayé, comme Sully, de la perspective d'une expédition lointaine, entraîné par ses vues de paix et d'économie, n'osa pas prendre l'initiative. « Il laissa tranquille-« ment, dit Voltaire, la France réparer ses pertes, et s'enrichir « d'un commerce immense, sans faire aucune innovation, traitant « l'État comme un corps puissant et robuste qui se rétablit de « lui-même. » Il mourut trop tôt, d'ailleurs, pour pouvoir connaître les conséquences de la politique inerte de Louis XV ; mais s'il n'eût pas le temps de voir notre défaite, il put du moins donner à l'Inde un homme capable d'enrayer la décadence, et d'arrêter la catastrophe.

Cet homme fut Dupleix. Né à Landrecies, il était fils d'un fermier-général du royaume. Il avait dans sa jeunesse, voyagé dans diverses parties du monde. En 1720, il fut envoyé à Pondichéry comme commissaire ordonnateur des guerres, et premier conseiller au conseil supérieur. Après un séjour de dix ans à Pondichéry, la Compagnie l'appela à la direction du comptoir de Chandernagor. Il releva le commerce de Bengale qui commençait à décliner sous la pression des Anglais, fonda un second comptoir à Patna et jetait les yeux sur Bénarès, lorsqu'en octobre 1741, il fut nommé gouverneur général des Indes, et envoyé à Pondichéry.

Dès lors, il adopta un plan absolument différent de celui qu'avaient suivi ses prédécesseurs.

Il se proposa deux choses : l'anéantissement de la concurrence anglaise, qui commençait à envahir nos colonies, et d'autre part celui de la résistance des indigènes.

L'ambition, le génie, l'orgueil national, et beaucoup de vanité particulière, tels furent les mobiles de toutes ses actions. Il souffrait de se sentir étouffé dans les limites vulgaires d'une régie mercantile. Il se disait que le commerce n'était que la suite de la conquête, et qu'avant le négociant, le soldat devait se montrer. Et certes les occasions ne lui manquaient pas pour satisfaire sa soif de victoires. Son patriotisme lui montrait la Compagnie anglaise, luttant sourdement, minant le terrain sous les pas de l'ennemi qu'elle n'osait pas attaquer parce qu'elle ne le connaissait pas encore. Il entrevit le moment où la lutte commerciale, la lutte banale et vulgaire de compagnie contre compagnie, de marchand contre marchand, allait faire place à la lutte imposante et sans merci de nation contre nation ; le moment où deux poignées de soldats allaient se disputer les destinées d'un immense pays, et peut-être l'avenir d'une grande nation européenne ; il voyait, dans un rêve d'ambition immense, nababs et soubabs, et le Grand Mogol lui-même, humiliés et soumis, se traîner à ses pieds, à côté de l'Angleterre, confondue et brisée. Il voyait, mais cette dernière espérance ne devait jamais se réaliser, la France reconnaissante acclamer le glorieux conquérant, et dans l'exaltation du génie sûr de son triomphe, il demandait des troupes, promettant l'Inde en échange.

Trois points d'attaque se présentèrent à Dupleix contre les Anglais ; c'étaient leurs trois présidences : Bombay, Calcutta et Madras. L'attaque de Bombay était absolument impraticable : nos troupes étant concentrées à Pondichéry, il eût été sinon impossible du moins fort périlleux d'engager notre marine sur une côte où nous n'avions aucun port de relâche, aucun point de ravitaillement. Quant aux troupes, on ne pouvait songer à leur faire traverser un pays inconnu, ni à les exposer sans aucune chance de retraite aux attaques d'une population dont les intentions n'étaient d'ailleurs rien moins que pacifiques. Bombay, n'avait encore à cette époque qu'une importance médiocre. Situé dans un climat malsain, bâtie dans une île, par suite peu suscep-tible d'extension, elle n'avait, comme nous l'avons déjà fait observer, que très peu attiré l'attention de sa métropole. Dupleix ne songea donc pas à attaquer l'Angleterre sur ce point.

Restaient Calcutta ou Madras : la vallée du Gange ou le Dekan.

Pour porter avec fruit une attaque sur Calcutta, il fallait prendre la ville du côté du Sud par la mer et du côté du Nord par Chandernagor. Calcutta prise nous assurait la libre navigation de l'Ougly, et nous permettait d'arriver à Bénarès. Mais un double obstacle se présentait : la concentration des troupes sur Chan-dernagor par la mer, était rendue difficile par la position de Cal-cutta qui, située en aval nous barrait le chemin. D'autre part, les Anglais pourraient facilement, par Madras, ravitailler la place, déjà défendue par Fort-Canning. L'escadre française chargée de l'attaque se fut trouvée prise entre deux feux, sans autre point de relâche sur la côte, que Pondichéry.

Il fallait donc attaquer Madras. En effet, les troupes étant réu-nies à Pondichéry, pouvaient facilement se porter sur Madras, vu la distance relativement minime qui sépare ces deux villes. De plus, en cas de siège, notre possession de Karikal devait servir de point de ravitaillement. Madras prise, enfin, nous assurait la possession du sud du Dekan.

Mais, les Anglais n'étaient pas les seuls ennemis à vaincre : les indigènes aussi jaloux de leur indépendance que les Anglais de leur suprématie, opposeraient évidemment une résistance acharnée aux nouveaux conquérants, quels qu'ils fussent. Toute-fois, Dupleix avait un moyen non seulement de neutraliser leurs forces, mais encore de s'en servir comme auxiliaires : les riva-lités qui, des petits gouverneurs de villes allaient jusqu'aux Nababs et Soubabs, déchiraient l'empire mogol déjà entamé par l'invasion de la Perse, et les révoltes de ses tributaires : il fallait profiter de ces rivalités, et s'aider des plus forts et des plus influents pour battre les plus faibles. On pouvait ainsi opérer une sorte de sélection momentanée entre nos alliés et nos ennemis, et ces derniers une fois écrasés, soumettre toute la Péninsule à notre influence.

Lequel de ces deux ennemis devait être attaqué le premier ? Dupleix n'hésita pas. Tant que l'Angleterre aurait un agent dans l'Inde, toute conquête serait impossible. Il importait, avant de songer à la fondation d'une puissance coloniale, de s'assurer la liberté d'action que ne nous laisserait certainement pas l'Angleterre. Il était d'ailleurs facile, tout en attaquant l'ennemi, de semer contre lui des germes de haine parmi les populations indigènes, et de lui couper ainsi toute retraite.

Le plan de Dupleix était donc d'attaquer l'Angleterre, et de l'attaquer à Madras, puis, une fois l'Angleterre vaincue, de se tourner contre les Indiens. L'exécution de ce plan demandait deux choses : l'appui du gouvernement, et le génie de son auteur : on sait ce que fut la première de ces conditions : mais on sait aussi jusqu'à quel point Dupleix sut remplir la seconde.

2322. — Tours, imp. E. Arrault et Cⁱᵉ

180

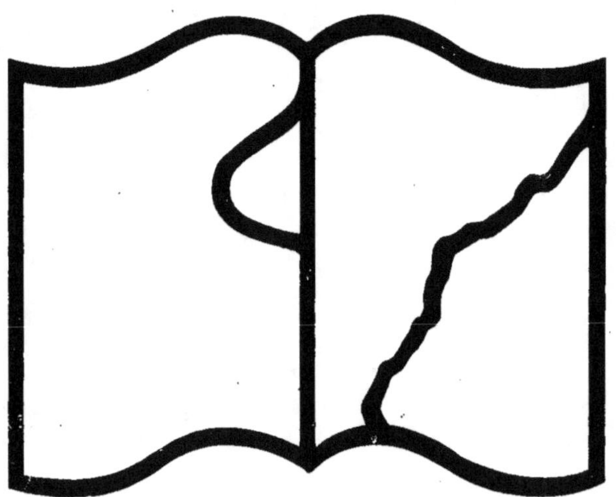

Texte détérioré — reliure défectueuse

NF Z 43-120-11

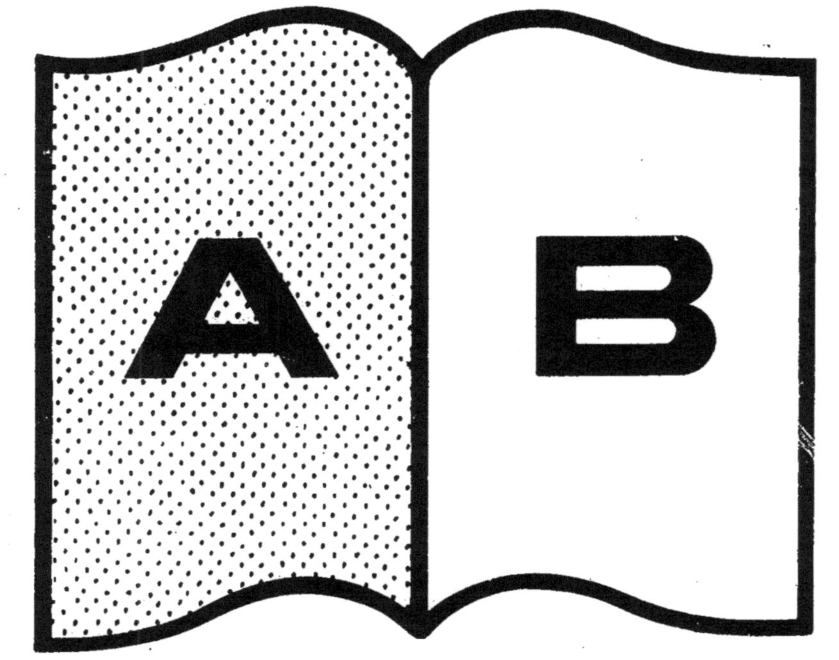

Contraste insuffisant

NF Z 43-120-14